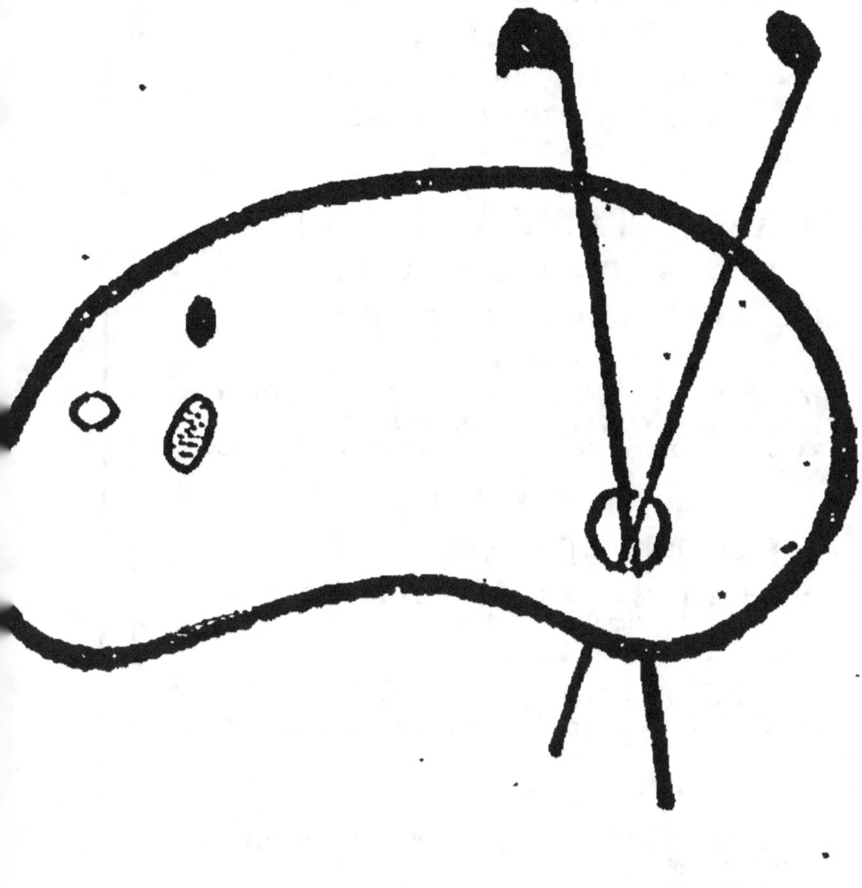

DEBUT D'UNE SERIE DE DOCUMENTS
EN COULEUR

CATALOGUE
D'UNE
COLLECTION D'ESTAMPES ANCIENNES,

PAR DES GRAVEURS FRANÇAIS ET ÉTRANGERS,

du XVIe siècle à la fin du XVIIIe siècle, formant l'Histoire de la Gravure ;

DE

DESSINS ET TABLEAUX ANCIENS,

ET DES LIVRES A FIGURES,

Composant le Cabinet de feu M. BOUCHER DE CREVECŒUR,

DONT LA VENTE SE FERA

Les mercredi 19, jeudi 20 novembre 1845, six heures du soir, POUR LES ESTAMPES, *et le vendredi, à midi,* POUR LES TABLEAUX, DESSINS et LIVRES A FIGURES, et restant des ESTAMPES,

HOTEL DE VENTES,
RUE DES JEUNEURS, 16,

Par le ministère de Me BONNEFONS DE LAVIALLE, Commissaire-Priseur.

EXPOSITION PUBLIQUE
Le mardi 18 novembre, de midi à quatre heures.

SE DISTRIBUE A PARIS,

Chez Me BONNEFONS DE LAVIALLE, Commissaire-Priseur, rue de Choiseul, no 11 ;
M. DEFER, Marchand d'Estampes, quai Voltaire, no 19.

PARIS.

IMPRIMERIE ET LITHOGRAPHIE DE MAULDE ET RENOU, rue Bailleul, 9 et 11, près du Louvre.

1845

LE CABINET

DE

L'AMATEUR ET DE L'ANTIQUAIRE

REVUE MENSUELLE

PUBLIÉE PAR MM. EUGÈNE PIOT ET FRÉDÉRIC VILLOT.

3ᵉ Année.

Ce recueil paraît tous les mois par livraisons de trois feuilles (48 pages) grand in-4° avec planches et illustrations dans le texte. Outre des eaux fortes de MM. Eug. Delacroix, Th. Chassériau, L. Meissonier, Émile Wattier, etc., nous citerons parmi les travaux déjà publiés les articles suivants :

Sur l'étude des vases antiques par M. Ch. Lenormant. — Des faussaires en médailles, Jean Cavino et Alex. Bassiano Padouans (1ʳᵉ *partie*), par M. de Montigny. — Considérations sur les graveurs en médailles et en pierres fines de l'antiquité, par M. Raoul-Rochette. — De l'architecture militaire au moyen âge, par MM. Mérimée et Ab. Lenoir (*orné de 120 gravures sur bois*).

Histoire de la vie et des ouvrages de Bernard Palissy, par M. Eug. Piot. — Description de quelques monuments émaillés du moyen âge, par M. de Longpérier. — Histoire des armes de guerre, Panoplie antique et moderne, par M. Granier de Cassagnac. — Traité d'orfèvrerie de *Benvenuto Cellini*, traduit pour la première fois par M. Eug. Piot. — Histoire du verre et des vitraux peints, par M. L. Batissier. (*Travail étendu, orné de dix planches de vitraux coloriés.*) — Exposition de l'industrie française *Orfèvrerie et fonte des bronzes*, par M. Fréd. Villot.

De la distinction des copies et des originaux en peinture, par M. Th. Gautier. — Réflexions sur la manière d'étudier la couleur, par J.-B. Oudry (*manusc. inédit*). — Hubert et Jean Van Eyck, par M. V. Schoelcher. — Journal de voyages, correspondances et mémoires inédits d'Albrecht Durer. — David Teniers, par M. Arsène Houssaye. — Claude Gelée, dit le Lorrain, par M. Eug. Piot. — Collection de tableaux de Charles Iᵉʳ, roi d'Angleterre, par M. Konrad. — Catalogue général des ouvrages de peinture exposés au salon du Louvre depuis l'origine en 1699 jusqu'à 1789.

Catalogues raisonnés des estampes gravées par Claude Lorrain, Raph. Morghen, Francisco Goya y Lucientes, Valentin Lefebre, etc., etc., et un grand nombre d'articles relatifs à la *biographie*, à la *numismatique*, aux *tableaux*, aux *estampes* anciennes, à la *curiosité*, et un *compte-rendu* très détaillé des *ventes publiques* de la France et de l'étranger. (Prix d'adjudication.)

ON S'ABONNE A PARIS, RUE LAFFITTE, 2.

Prix : Pour Paris, 20 francs; pour les départements, 22 francs.

DUCHATEL, Porteur de Catalogues,
Rue du Rocher, 13.

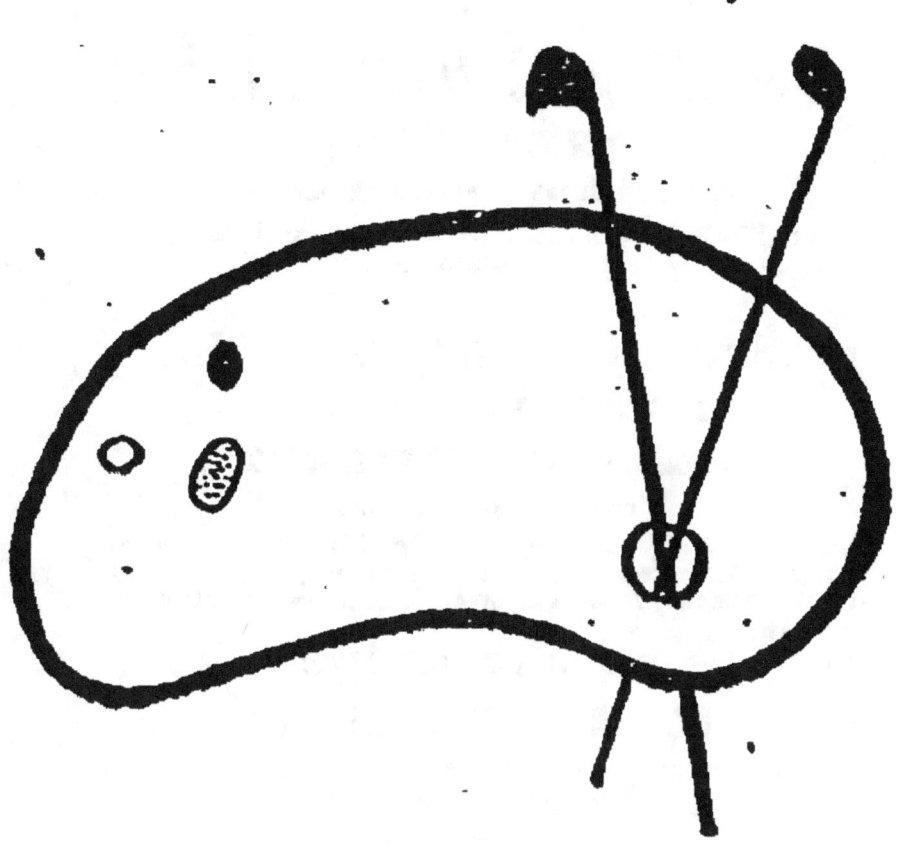

FIN D'UNE SERIE DE DOCUMENTS EN COULEUR

CATALOGUE
d'une
COLLECTION D'ESTAMPES
ANCIENNES,

PAR DES GRAVEURS FRANÇAIS ET ÉTRANGERS,

du XVI⁰ siècle à la fin du XVIII⁰ siècle, formant l'Histoire de la Gravûre;

DE
DESSINS ET TABLEAUX ANCIENS,
ET DES LIVRES A FIGURES,

Composant le Cabinet de feu M. BOUCHER DE CREVECŒUR,

DONT LA VENTE SE FERA

Les mercredi 19, jeudi 20 novembre 1845, *six heures du soir*, POUR LES ESTAMPES, *et le vendredi, à midi*, POUR LES TABLEAUX, DESSINS et LIVRES A FIGURES, et restant des ESTAMPES,

HOTEL DE VENTES
RUE DES JEUNEURS, 16,

Par le ministère de M⁰ BONNEFONS DE LAVIALLE,
Commissaire-Priseur.

EXPOSITION PUBLIQUE

Le mardi 18 novembre, de midi à quatre heures.

SE DISTRIBUE A PARIS,

Chez M⁰ BONNEFONS DE LAVIALLE, Commissaire-Priseur,
rue de Choiseul, n⁰ 11;
M. DEFER, Marchand d'Estampes, quai Voltaire, n⁰ 19.

1845

ORDRE DES VACATIONS.

Mercredi et Jeudi, à six heures du soir, les Estampes, du n° 1 au n° 231.

Le Vendredi, à midi, les Estampes, Dessins, Tableaux et Livres à Figures, du n° 231 au n° 306.

Cinq pour cent en sus des enchères.

La collection de Médailles du cabinet de M. BOUCHER DE CRÈVECOEUR sera vendue dans le courant de janvier.

Pour paraître à la fin de l'année.

CATALOGUE
D'UNE BELLE COLLECTION D'OBJETS D'ART
ET DE HAUTE CURIOSITÉ,

Tels que Antiquités égyptiennes, grecques et romaines, Médailles, Bronzes florentins, Émaux de Limoges, Ivoires sculptés, Faïence de Bernard de Palissy, Meubles en bois sculpté, etc.

Tableaux, Dessins, Miniatures, Peintures chinoises et indiennes, Estampes et Livres sur les arts, du Cabinet de feu M. le baron BRUNET DENON.

Ce Catalogue se distribuera chez M° BONNEFONS, Commissaire-Priseur, et MM. ROUSSEL et DEFER, Experts, dirigeant la Vente qui aura lieu du 1er au 15 du mois de février 1846.

Imp. et lith. de Maulde et Renou, r. Bailleul, 9-11.

CATALOGUE
D'ESTAMPES, DESSINS ET TABLEAUX.

ESTAMPES.

1re Boîte. — A. B. C. D.

1. Saint Jérôme, la Vierge au singe, copies de la Mélancolie et du Cheval de la mort, etc. Quatorze pièces gravées sur cuivre et sur bois, par et d'après *Albert Durer*.
2. Divers sujets sacrés et profanes. Quinze pièces, par *Altorfer, Aldegrever, Beham, Binck, Barbé*, etc.
3. Assomption de la Vierge, d'après le Dominiquin; divers sujets pour titre de livres, d'après S. Vouet, etc. Dix pièces, par *Carle et Germain Audran*.
4. Le Buisson ardent, d'après Raphaël; la Femme adultère, le Frappement du rocher d'après N. Poussin, et le jeune Astianax découvert, d'après S. Bourdon. Six pièces par *G. Audran, Baudet* et *S. Bernard*.
5. Saint Benoît, d'après Restout; le Calvaire, d'après Le Brun; le Serpent d'airain; portrait de B. de Montfaucon; les Entretiens badins, d'après Wat-

teau, etc. Treize pièces par *Jean, Benoît* et *Louis Audran.*

6. Portraits de dames anglaises, d'après Reynolds et autres, par *Mac Ardell* et *Becket.* Huit pièces.

7. Paysages, animaux, vues de France, etc., par *Avril, Auvray, Aliamet, Allix, Bellanger, Benazech* et *Baquoy.* Vingt et une pièces.

8. Le Frappement du rocher, d'après Ciro-Ferri; paysages et sujets de genre, d'après Robert, Allou, Wouwermans. Treize pièces à l'eau-forte, par *Aquila, Akerstoot, Audenaerd, Le Blanc, Benoît, Bouttat,* et *Bertol.*

9. Les quatre éléments, les quatre parties du monde, etc. Dix-huit pièces gravées par *P. Aveline,* sur ces compositions et celles de Jouvenet, Natoire, etc. Plus cinq pièces par *Aubert,* d'après Jeaurat.

10. Adoration des bergers; Elymas frappé d'aveuglement par saint Paul; sujet allégorique, d'après Raphaël, Titien, etc., par *Augustin Vénitien, L. Bertelli, René Boivin, Del. Barbière.* Sept pièces.

11. Paysages. Neuf pièces gravées à l'eau-forte par *Albert Flamen.* n°s 511, 512, 515, 527, 557 à 561 du Peintre-graveur français, par M. Robert-Dumesnil.

12. Sujets familiers, gravés à l'eau-forte par *C. Bega* et *Bargas.* Huit pièces.

13. Diverses études d'animaux. Trente-neuf pièces à l'eau-forte, par *N. Berghem.* De ce nombre quelques copies.

14. Paysages et vues de jardins, gravés à l'eau-

forte par *Jean Bol, G. Baur, de la Barthe* et *Burlow*. Vingt-quatre pièces.

15. Statues et bustes antiques. Vingt-six pièces, par *Et. Baudet*.
16. Paysages et sujets de genre, compositions de maîtres flamands, hollandais et français. Seize pièces gravées par *Basan*.
17. Divers sujets et portraits gravés au burin et au pointillé par *Allais, Avril, Boquet, Berardi* et *J. Berterham*. Dix pièces.
18. Paysage, études de figures, etc. Quatorze pièces par *Bartolozzi*.
19. Herminie et Tancrède, d'après Lagrenée; la Cuisine allemande, d'après Junker, etc. Cinq pièces par *Beauvarlet*.
20. Batailles d'après Van der Meulen, sujet par A. Van Ostade, etc. Neuf pièces par *A. F. Baudoins* et le comte de *Baudouin*, *officier aux Gardes Françaises*.
21. Jupiter et Antiope, d'après le Titien; portraits du Tasse, de C. Linné, etc. Cinq pièces par *Baron, Balechou, Bervic* et *Bonzo*.
22. Sujets sacrés et profanes. Neuf pièces par *J. Bellanger*. Nᵒˢ 6, 9, 15, 37, 38 et 44. Sept pièces. Plus la copie du n° 8.
23. Suite de vingt paysages d'après Rubens, par S. à *Bolswert*.
24. Sujets de vierges, sainte Cécile, portraits de Lipse et de Brauwer, d'après Rubens et Van Dyck. Neuf pièces par S. à *Bolswert*.
25. Sujets de vierges, Mère de douleur; suite de

divers animaux. Vingt pièces d'après A. Bloemaert, par P. à *Bolswert*. Plus, berger et bergère d'après Flinck, par *A. Bloteling*.

26. Sujets sacrés et profanes, titres de livres gravés d'après Pietre de Cortonne, Ciro Ferri, A. Bloemaert et autres maîtres, par *C. Bloemaert*. Trente et une pièce.

27. Saints évêques, études de figures champêtres. Trente et une pièces d'après Abr. Bloemaert, par *F. Bloemaert*.

28. Plusieurs sujets de Sainte-Famille, Christ en croix, Joseph et Putiphar, Ferdinand III. Sept pièces d'après Jules Romain, Titien, An. Carrache, Blanchart, etc., par *C. Bloemaert*.

29. Couronnement de la Vierge, Joseph vendu par ses frères, Apollon et Marsyas, Histoire de Daphné, bas-relief, etc. Sept pièces d'après Raphaël. Six par le *Maître au Dé* (surnommé aussi Beatricius l'Ancien).

2ᵐᵉ *Boîte*. — B. C.

30. Mariage de Uladislas IIII à Fontainebleau, les Forces de la France, le Bal, le gros Guillaume et Gautier Garguille, le peintre et le sculpteur. Six pièces par *A. Bosse*.

31. Les Vierges sages, la Charité, le Lazare, l'Enfant prodique, le Printemps, le Repas des chevaliers du Saint-Esprit, etc. Dix-sept pièces par *A. Bosse*.

32. Suite de 18 vignettes pour l'Ariane de Desma-

rets, de 6 vignettes pour la Pucelle, d'après C. Vignon; la Conversion de saint Denis, d'après J. de Lestain, etc. Trente-trois pièces, par *A. Bosse.* Plusieurs sur ses dessins.

33. Sujets sacrés et profanes, études de têtes. Trente-neuf pièces gravées à l'eau-forte par *Benedette, Castiglione* et *H. Borgiani.*

34. Portrait de Michel-Ange d'après B. Bandinelli, Clélie se sauvant du camp de Porsenna, les Cyclopes, etc. Sept pièces par *N. de la Casa, J. Bonasone, C. et J. Bos, Brambilla,* etc.

35. Sujets de l'ancien Testament, l'Age d'or d'après Bloemaert, sujets de vierges, paysages, etc. Vingt-deux pièces d'après Goltzius, Breughel, par *Abr. et Nicolas de Bruyn, N. de Bracu, Du Brayel, Van Breen, H. Bruni, E. Bosch, Van Bolten.*

36. Sainte Famille, Repos en Egypte, le Baptême de l'Eunuque, etc. Dix pièces à l'eau-forte par *Sébastien Bourdon.* Saint Jean, Décollation de saint Paul, saint André, saint Paul à Éphèse. Quatre pièces à l'eau-forte, par *Louis de Boulogne* père et fils.

37. Vierge et Enfant Jésus, la Madeleine et autres sujets pieux, d'après Louis Baugin, S. Bourdon, S. Vouet, etc., par *Boulanger, G. Le Brun, P. Brebiette, J. Brebes, Caron,* et le portrait de C. Hérault par *Bouys,* d'après Detroye. Treize pièces.

38. La Troupe italienne d'après Watteau, études de figures, paysages. Dix pièces gravées à l'eau-forte par *F. Boucher.*

39. Paysages. Quatorze pièces gravées à l'eau-forte par *J.* et *André Both, Beich* et *Bronchorst*.
40. Fumeurs d'après Teniers, paysages et marines d'après Ruisdaël, Pillement Valenciennes, etc., par *Bovinet, Boydell, Bruder* et *Canot*. Vingt pièces.
41. Études de têtes d'après le Parmesan, par *Vander Borcht ;* études de têtes par *Bossi*. Vingt-huit pièces.
42. Sujets flamands, portraits, paysages, animaux d'après Téniers, Brauwer, etc. Vingt pièces par *F. Bottats, Vander Bruggen, Marc de Bye* et *Van der Cabel*.
43. Sainte famille, vierges, Christ mort, etc. gravés par et d'après *Annibal, Louis* et *Augustin Carrache ;* plus une sainte famille au berceau d'après Raphaël, par *Caraglio*. Dix pièces.
44. Sainte Famille, Jacob et Laban, Bacchanales, etc. Quinze pièces d'après P. de Cortone, La Hyre, etc. Quinze pièces par *Chaperon, Chasteau* et *Chaureau*.
45. Fac simile de dessins d'anciens maîtres des trois écoles. Quarante-cinq pièces par le comte de *Caylus*.
46. Mademoiselle Camargo, d'après Lancret, par *L. Cars*.
47. Annonciation, vierge, Joseph retiré de la citerne, sujet de la fable. Onze pièces d'après Cazes, Lemoine, M. Corneille, par *L. Cars* et *Car-Lévêque*.
48. Vues prises sur les bords de la Loire, divers

portraits d'après N. Cochin, copies d'estampes de Rembrandt, paysages d'après Desfriches, etc. Soixante-dix-sept pièces par *C. Campion, abbé de Tersan, amateur vers* 1765, et un paysage, *Campion fec,* ancien graveur dans le goût des Sadeler.

49. Paysages, sujets et portraits par *Byrne, Chaponnier, Colman, Bonnet, Carrée, Cavalli, Chambers* et *Canu.*
50. Vues diverses et ruines. Douze pièces dessinées et gravées à l'eau-forte par *Cazin;* plusieurs d'après H. Robert.

3ᵐᵉ Boîte. — C. D.

51. Christ en Croix, gravé en bois par *Lucas Cranach;* saint Jérôme, sujets allégoriques, par *F. Curti, Cruger, Cungius, Van Cuerenzert.* Sept pièces.
52. La Vie de saint Jean, d'après André del Sarte. Quinze pièces par *Théodore Cruger.*
53. Sujets de l'Ancien, du Nouveau Testament et de la Fable, d'après Titien, Mutien, Zuccaro, Michel-Ange, etc. Vingt pièces par *C. Cort.*
54. Portraits de Largillière, de Louis XIII, de Vergennes, le général Washington; divers sujets d'après J. André, Marot, Vanloo, Detroye, etc., par *J. Chereau* et *Chevillet.*
55. Glaucus et Scilla, le Joueur de Cornemuse. Deux pièces gravées à l'eau-forte par *Dumont le Ro-*

main en 1726; Jésus au jardin des Oliviers, à l'eau-forte, par *Estorges*.

56. Vues de France et de Suisse, par *Dequevauviller, Deny, Duparc, Coiny, Duret*, etc. Quarante-quatre pièces.

57. Vues de Paris, vues des ports de France. Quarante-six pièces par *Couché fils, Demaisons* et *Demame Dematrait*.

58. Énée sauvant son père de l'incendie de Troie, le Berger constant et le garçon Jardinier, portraits de Dorat et Diderot, etc. Neuf pièces par *R. Delaunay le jeune, Dugoure, N. Dupuis, N. Dufour* et *Duflos*.

59. Portrait de Jérôme Bignon, Endymion, les Vierges sages et folles, etc. Sept pièces d'après Pierre, Drouais et Charpentier, par *N. Delaunay*.

60. Le Glorieux et le Philosophe marié. Deux pièces d'après N. Lancret, par *C.* et *N. Dupuis*.

61. Baptême de saint Jean d'après André del Sarte, divers sujets pieux d'après M. de Vos. Dix pièces par *A.* et *Jean Collaert, J. Danoot, Jérôme Cock* et *Chérubin Alberti*.

62. Divers portraits hollandais d'après Mirevelt. Neuf portraits, par *Delft*.

63. Les Apôtres d'après de Gheyn. Dix-neuf pièces, par *B. Dolerdo* et *Drabbel*.

64. Nymphes et Satyres d'après Pierre et Boucher, par *Demarteau, d'Azincourt* et *Denon*. Quatre pièces.

65. Sainte Vierge, Vénus couchée. Deux pièces d'après Lesueur, par *Duret*.

66. Vierges, Christ mort, Sainte Face, etc., d'après S. Vouet, Jacques Blanchard, etc. Seize pièces, par *Couvay* et *Daret*.

67. Saint Érasme martyr d'après P. Farinati, Religieux d'après Villamena, et autres sujets d'après Vignon et Blanchard. Dix-huit pièces, par *C.* et *H. David*.

68. Saint Jérôme agenouillé dans une grotte devant une grosse pierre où se voient un livre ouvert que le saint tient de la main droite, une tête de mort, une croix est appuyée contre, au bas des in-folios. Dans la marge du bas deux lignes d'écriture : *Audic.... Iudicium*. De la Hyre in. et pinxit. *F. de la Mare, sculp.*, et l'adresse de Cagniet. Belle pièce non décrite au Peintre-graveur français.

69. Paysage par *G. Dughet*, autre par *N. Deson*, Vierge et enfant Jésus marqué L. D., 1740; Croquis de tête par Delahante, 1780. Cinq pièces.

70. Sainte Famille d'après de la Hyre, par *Cherpignon*; Berger et Bergère, *Clermont inv. et ex.* Paysage d'après Francisque, par *Chibousi*. Quatre pièces.

71. Divers portraits dont celui de Bourbon Conti, de Jacques II, roi d'Angleterre. Onze pièces par *P. Drevet, M. Dossier, Desrochers, A. Clouet*.

72. Portrait de Girardon, sculpteur; le Dessin et la Peinture, pastorales. Treize pièces d'après Boucher, Aubert, Fouchet, Coypel et Rigaud, par *Duchange, L. Desplaces, C. Duflos*.

73. Portraits de Louis XV, Sutaine, Ch. Coflin, Jeus

d'enfants, d'après Boucher; paysages, etc. Neuf pièces par *J. Daullé.*

74. Le Violon assis, le Cordonnier, le Charlatan, etc. Quatre pièces par *C. Dusart.*
75. Sujets galants d'après Vatteau, Lemoine, Lajoue, Cazes, etc. Vingt-neuf pièces, par *C.-N. Cochin.*
76. Adoration des Rois, Abigaïl, paysages, portraits, etc., par *Jean Corneille, Dandré, Coypel, N. Cochin, H. Coussin, Collignon.*
77. Paysages et vues de Flandre d'après Teniers et autres. Vingt et une pièces, par *Deny, Duret, Duparc, Coulet, Cousinet, Chenu, Colibert, Danzel, Dandeleau.*
78. Les quatre Eléments, paysages, études de têtes, etc., par *Chedel, Van Dalen, Danckert exc., Choffart, de Claussin.* Vingt-six pièces.

4me Boîte. — E. F. G.

79. Adoration des Bergers et la Manne dans le désert. Deux pièces, par *B. Franco.* Epreuves avant l'adresse. Vue de Rome, par *Falda.* Passage de la mer Rouge, par *H. Farinati.* Pièce de l'école de Fontainebleau, par *Guido Ruggieri.* Six pièces.
80. La mort de Saint François-Xavier, course d'Atalante, le Pape Alexandre VIII, etc. Six pièces, par *J. Frezza, Faldoni, C. Fantetti, Furjat* et *Frey.*
81. Sujets de l'Ancien et du Nouveau Testament, suite de la Passion, Saints et Saintes, sujets de l'histoire profane et de la mythologie, suite des

Dieux de la Fable, les Muses, des costumes, des portraits, etc. Cent cinquante-quatre pièces gravées par *Henri Goltzius*, la plus grande partie de son invention.

82. Sujets sacrés et profanes, d'après Vanni, Zuccaro, An. Carrache, Stradan, Rubens, etc. Vingt-six pièces, par *Corneille*, *Philippe*, et *Théodore Galle*.

83. Les Apôtres, les Prophètes, le Bénédicité et autres sujets pieux, sujets de la Fable, des costumes, etc. Quarante pièces, d'après Carle Van Mander et Bloemaert, par *Jacques de Gheyn*, plusieurs de son invention. Plus, deux pièces, par *Ven Veen Gubert*.

84. Sujets de la Fable et Paysages. Dix-sept pièces, par *Glauber* et *Simon Frisius*.

85. Saint et Sainte, d'après Francia; Guillot Gorju, comédien. Divers portraits, par *Folkema* et *Falk*. Treize pièces.

86. Sujets de l'Ancien et du Nouveau Testament et autres. Neuf pièces, d'après Lafage, par *Ertinger*.

87. Portraits de la Reine Caroline, d'Alex. Pope, sujets familiers, scène de comédie, d'après Kneller, P. Lely, Mercier et Ostade. Neuf pièces gravées à la manière noire, par *W. Faithorne*, *Gole*, *Faber*, *Earlom*.

88. Paysages et Portraits de *C. Van Dalen*. Dix-neuf pièces à l'eau-forte, par *Gessner*, *Echard* et *Frey*.

89. La naissance de Jésus, par *Léonard Gaultier*;

Louis XIII recevant le prévôt et les échevins de la ville de Paris, gravé d'après A. Bosse, par *Firens*.

90. Jeux d'enfants d'après Testelin, Paysage, portrait de Philippe de Champagne, etc. Cinq pièces, par *Ferdinand, de la Ferté* et *S. François*.

91. Repos en Egypte, la Charité, la Madeleine, Trois pièces d'après J. Blanchard, par *A. Garnier*, avec l'adresse de Ganière. Les pèlerins d'Emaüs, d'après le Caravage, par *P. Fatoure*, *G. Giovane*, fecit.

92. La Couseuse d'après le Guide, divers portraits de Santeuil, Ant. Arnauld, Vincent Bertin, Feuillet, Bossuet, etc. Neuf pièces, par *G. Edelinck*.

93. Portrait de M. de Boisfrant d'après Adam, une étude gravée par *J. Ch. François*, inventeur de la gravure en manière du crayon. Trois pièces.

94. Paysages, Marines, sujets de la Fable. Treize pièces, d'après Berghen, J. Vernet, Jeaurat, Detroye, etc., par *Feradiny*, *Flamet*, *Fessard*, *Flippart*, et *de Ghendt*.

95. Bacchanales et autres sujets. Vingt-deux pièces gravées à l'eau-forte par *Fragonard* et *Foulquier*.

96. Bacchanales, Portraits d'acteurs de la Comédie française et de la Comédie italienne. Quinze pièces à l'eau-forte par *Gillot*. Portraits de Léopold Mozard et de ses deux enfants, d'après de Carmontelle, par *Delafosse*.

97. Paysages et vues diverses par *Fortier, Fessard, de Ghendt, Giraud* et *Elliot.* Seize pièces.
98. Tête d'après Rubens, gravée à l'eau-forte par *Eisen*, et soixante-sept vignettes d'après ses dessins; plus une caricature par Germain en 1773.
99. Divers sujets de pastorales d'après Paterre, Boucher, N. Cochin, etc. Douze pièces par *Filleul, Gaillard, C. Gallimard.*

5me *Boîte.* — G. H. I. J. K. L.

100. Adoration des Bergers d'après Becafumi par le maître au monogramme H.-E. Superbe épreuve.
101. Mascarades de Venise. Deux pièces par *Pietro Longhi.*
102. Sujets sacrés et profanes d'après Rubens, Tempeste, Van Dyck, etc. Dix-huit pièces par *Pierre de Jode.*
103. Cinq pièces à l'eau-forte par *Daniel Hopfer, J. Herregouffs,* le *Guide* et *Grimaldi,* et une feuille de têtes gravée par un inconnu.
104. Marche de Silène gravée en bois par *Ch. Jegher*; portraits et sujets par *Hondius* et *Egbert-Jansz.* Douze pièces.
105. Portraits et pièces historiques sur la Hollande. Treize pièces par *Houbraken, Hollar* et *Romyn de Hooge.*
106. Portraits d'après Van Dyck, par *Gunst.* Trois pièces.
107. Divers sujets de la fable et allégories par *Jacq.*

Granthome, Greuter, Jacob Ab Heyden, G. Hessel. Douze pièces.

108. Six pièces d'après Elseimer par le comte *Goudt;* Buveur d'après Téniers, par Goubau.

109. Paysages et Têtes par *Landerer* et *Schmidt.* Vingt-trois pièces.

110. Sujets de l'Ancien Testament, gravés d'après W. Baur, Ch. Storer, etc., par *Melchior Kussel, Krauss.* Quarante-huit pièces.

111. Sujets sacrés et profanes, animaux, portraits, par *Kaltner, L. Kilian.* Quinze pièces.

112. Quinze pièces gravées à l'eau-forte par *Klingel, Van Kessel, Lairesse, Huctemburg, Van den Hecke, Pierre de Laër,* etc.

113. Portraits d'après Reynolds, sujets d'après Greuze. Huit pièces en manière noire, par *Haid* et *Houston.*

114. Henri IV à cheval couvert d'une riche armure, *Jean Halbecck fecit;* le Couronnement de Louis XIII d'après *Quesnel,* sans nom de graveur. Belle pièce historique très rare. Manque un coin à gauche de l'estampe.

115. Sujets de Vierge. Sept pièces gravées à l'eau-forte par *Laurent de La Hyre, Goyrand, Delacourt, Lagrenée.*

116. Sujets et portraits. Quatorze pièces par *Et. Delaulne, D. Landry, Grignon, Guélard, F. Laugot, J. Langlois.*

117. Sujets et portraits d'après Aubin Vouet, Ribéra, etc. Quinze pièces, par *Michel Lasne.*

118. Neuf pièces sujets et allégories historiques, par *G. Huret inv. et fecit.*

119. Pastorales, contes de La Fontaine, les quatre saisons, les âges, etc. Trente-quatre pièces d'après *Watteau, Paterre, Lancret,* etc., par N. *de Larmessin.*

120. Louis XV et Marie Leszczinska, etc. Cinq pièces d'après Vanloo et Pierre, par *de Larmessin.*

121. Mademoiselle Sallé, d'après N. Lancret, par *de Larmessin.*

122. Sujets sacrés et profanes, d'après N. Poussin, Paul Véronèse, S. Leclerc, etc. Douze pièces, par *Jeaurat.*

123. Bethsabée, mort d'Abel, etc. Huit pièces, par *Hainzelman, Hutin, Magdeleine,* et *Frédéric-Hortemels.*

124. Sujets de genre par *Halbou, Haussard, Heudelot, Hubert,* et *Henriquez.*

125. Vignettes, portraits et sujets. Trente pièces, par *Langlois, Guérin, Gravelot, Duhamel, Delattre, Jogan, Joullain* et *Ingouf.*

126. Onze pièces d'après Boucher, etc. gravées à l'eau-forte par *Huquier, Houel, Huet, Henin, Heilman.*

127. Vingt-sept pièces par *Johannot, Himely, Henri, Janinet, Hubert, Guyot,* etc. Bas-relief de Moitte.

6me *Boîte.* — L. M.

128. L'Ensevelissement du Christ par *Mantegne.*
129. Homme assis tenant une flûte, d'après Raphaël.

par *Marc-Antoine* (Bartsch 467). Belle épreuve, pièce rare.

130. Massacre des Innocents, David tuant Goliath, sainte Félécité, la Vierge à l'escalier, le Parnasse, etc. Treize pièces, d'après Raphaël, par et d'après *Marc-Antoine*.

131. Sainte Famille, Festin des Dieux, Mort de Méléagre, etc. Neuf pièces, par des graveurs de l'école de *Marc-Antoine*.

132. Vierge à la longue cuisse, Junon, Laocoon, l'Enlèvement d'Hélène, Galatée, etc. Six estampes par *Marc de Ravenne*. De ce nombre la copie du massacre des Innocents.

133. Vierge au voile d'après Raphaël, l'Amour et Psyché d'après J. Romain, épreuve avant la draperie; le Cimetière, Hercule et Neptune d'après le Primatice. Cinq pièces par *G. Mantuan*. Belles épreuves.

134. Christ mort, Combat naval, Festin des Dieux. Trois pièces d'après J. Romain, par *G.* et *Adam Mantuan*; portraits par *Oct. Léoni*, et Assomption par *C. Maratte*. Six pièces.

135. Adam et Eve. Salomon, Adoration des rois, David et Saül, Baptême de Jésus, Conversion de saint Paul, etc. Dix pièces, par *Lucas de Leyde*.

136. Sujets sacrés et profanes d'après *Spranger* et autres maîtres. Trente-neuf pièces, par *Jacques* et *Théodore Matham*.

137. Douze pièces par *Jean Luycken, Lutma, Londersell, Lisebetius, Leigel, J. Major*.

138. Réduction miraculeuse de Paris sous l'obéis-

sance du roi très chrétien Henri IIII, et comme Sa Majesté y entra par la Porte-Neufve le mardy 22 de mars 1594. — Comme le roi alla incontinent à l'église de Nostre-Dame pour rendre grâces solemnelles à Dieu de cette admirable réduction de la ville capitale de son royaume. — Comme Sa Majesté le même jour estant à la porte St-Denis veid sortir hors de Paris les garnisons estrangères que le roy d'Espagne y entretenoit. A ces trois pièces rares on lit : *N. Ballery pinxit, Jean Leclerc, exc.*

139. Jésus couché, *N. Loyr, inv. et fecit.* Sujets de l'histoire d'Esther, et vierges, par *A. Loir* et *Detroye.* Treize pièces.

140. Portrait de Marie-Thérèse et autres. Six pièces, par *P. Lombart* et *R. Lochon.*

141. Huit pièces d'après Rubens, Téniers, etc., par *Macret, Major, Maleuvre, Q. Marck* et *Mariette.*

142. Vingt-cinq pièces, Paysages et sujets d'après divers maîtres hollandais, par *Ph. Le Bas.*

143. Sujets, portraits et animaux, par *Massé, C. Macé, de Marcenay, Louterbourg, Lempereur.* Vingt pièces.

144. Paysages. Seize pièces, par *Liénard, Masquelier, Macret, Mathieu, Maillet,* etc. Seize pièces.

145. Salon du Louvre en 1785-1787, vues de Paris. Onze pièces, par *Martini* et *J. Marot.*

146. Quinze pièces d'après Watteau, Coypel, etc., par *Lépicié, Le Beau, Levachez, Lefevre, Liotard, Littret* et *Lucas.*

147. Vingt-trois vignettes d'après Moreau le jeune, par *Lemire*; Portraits par *Ch. Leberecht*.
148. Paysage avec figures, par *Laurent, Martini, Melini, major, Lereau, Liénard*. Onze pièces.
149. Vierge du Palais, colonne d'après Raphaël, et Louis XIII; diverses estampes par *Masquelier*.

7me Boîte. — M. N. O.

150. Sujets de l'Ancien et du Nouveau Testament, de la fable, statues, titres de livres, etc., d'après divers maîtres et de l'invention et gravés par *C. Mellan*. Cent onze pièces.
151. Portraits de personnages français de tous états. Cinquante pièces dessinées et gravées par *C. Mellan*.
152. Portraits de Louis XIV, n° 158 avec la thèse; le même, III° état, n° 153, du Peintre-graveur français: Melchior de Gillier, Guillaume de Lamoignon, Henri d'Orléans, Putet, Le Bassin. Sept pièces, par *Nanteuil*.
153. Saint Charles Boromée, saint François de Salle, Henri IV, Christien, Marguerite Lemon, Assomption de la Vierge d'après Champagne; paysages. Huit pièces par Morin. Portraits et paysages, par *M. Montagne* et *N. Platte Montagne*. En tout seize pièces.
154. Cinq pièces d'après N. Poussin, S. Bourdon, etc., par *M. Natalis*, dont sainte Famille, épreuve avant la draperie.
155. Susanne au bain d'après Rembrandt; pasto-

railes d'après Watteau; chasses. Huit pièces, par *Oudry, l'abbé Montessut, Moyreau.*

156. Vues diverses de France et de Suisse. Quatre-vingt-deux pièces par *M. Jorma, Née, Masquelier, Nicollet, Mothey, de Monchy,* etc.

157. Quinze pièces d'après Monet, C. de Moor, etc., par *Demonchy, Moitte, Lemire, Michel, Miger, Menil.*

158. Quarante-neuf pièces. Paysages et ruines par *Math. Mérian.*

159. Sept pièces d'après Paul Véronèse et autres maîtres italiens, par *Mitelli, Mogalli, Ostereich,* etc.

160. Sujets de l'histoire sainte, de la fable, animaux, etc. Vingt-cinq pièces, par *Jean Muller* et *Fritz Muller.*

161. Portraits et paysages par *Van Merluen, Van Orley, Van Meurs, Montcornet,* etc. Vingt et une pièces.

8ᵐᵉ Boîte. — P.

162. Bacchanales par *Podesta*; pièces d'après le Guerchin, le Dominiquin, par *Pascalinus, P. Del-Pô, Piccino,* etc. Quinze pièces.

163. Prise de Carthage, etc. Six pièces par *G. Pencz.*

164. Vierge, sainte Rosalie, saint François-Xavier, portraits, etc. Huit pièces, par *G. Panneels* et *Pontius.*

165. Paysages, sujets de la fable et sujets allégo-

riques, par *Van Panderen, Crispin de Pass, Magdeleine de Pass, Guillaume de Pass, P. Perret.* Trente-cinq pièces.

166. Trente pièces d'après des tableaux de la Galerie Impériale de Vienne, par *Preisler, Prenner.*
167. Le Vacher, par *Paul Potter*; Fuite en Egypte, par *Claes Pouwelsoon.*
168. Portrait du Poussain, par *Jean Pesne* (n° 1ᵉʳ du catalogue); portrait de S. Vouet, etc. Six pièces, par *Pesne, Perrier et del Po.*
169. Sujets de vierges, saints, et divers portraits. Quinze pièces, par *François et Nicolas de Poilly.*
170. Divers sujets et portraits d'après Natoire, Pierre, Rigaud, etc., par *Petit, Patton, Peirolery, Pelletier, Ponce, Persyn, Pye.* Dix-neuf pièces.
171. Paysages et ruines. Deux cent trois pièces, par *les Perelle.*
172. Huit pièces par *de Paulis, André Paul, le Paultre*, etc.
173. Louis XIV, Henri de Lorraine, portraits et sujets par *Et. Picart et Pitau.* Huit pièces.
174. Vignettes et titres de livres. Soixante-quatre pièces, par *Bernard Picart.*
175. Sujets et paysages à l'eau-forte par *Pierre, Pfenninguer, Pérignon, Pfenmager, Petit Radel.* Vingt-cinq pièces.
176. Huit pièces à l'eau-forte par *Parizeau et J. P. Parocel.*
177. Onze pièces gravées au pointillées par *Picot.*
178. Vieillard et vieille femme, gravé à l'eau-forte par *Ed. Depoilly*, amateur.

179. Vues diverses. Vingt-deux pièces, par *Paris, Picquenot, Prévost, Preaudeau, Patas, Pasquier.*

9ᵐᵉ Boîte. — Q. R. S.

180. Quatorze pièces, par et d'après *Ribera, Salvator Rosa,* etc. La bataille de Lépante, par *Martin Rota.* Pièces diverses, par *Rugieri, H. Santi.*
181. Sujets sacrés et profanes, Paysages, Portraits, d'après des peintres italiens, flamands et hollandais. Cent trente-neuf pièces, par *les Sadeler.*
182. Suite des Saints de Bavière. Soixante pièces, par *Raphaël Sadeler.* Très belles épreuves d'une jolie suite.
183. Vingt-sept pièces, par Quast ; Statues d'après Franç. du Quesnoy ; Batailles de *Rugendas,* et chevaux, par *Stoeps.* Vingt-sept pièces.
184. J. B. de Choiseul, P. de la Roche, Fête bachique, d'après Gillot, sainte Cécile, Fumeur, et Loth et ses filles. Six pièces, par *Sarrabat.*
185. Personnages historiques. Vingt et une pièces, d'après C. Vignon, par *Rousselet* et *Roullet.*
186. Cinquante-sept pièces, par *Cl. Randon, Regnesson, Rabel, Jean Rigaud, F. Roëttiers.* Vases, par *J. Sally.*
187. Quatorze pièces, d'après Watteau, Paterre, etc., par *Ravenet, Romanet* et *Ransonette.*
188. Quatre pièces, chasses par *J. Rhen,* d'après Hondius ; sujets, par *St-Maurice, Salvador.*
189. Paysages gravés à l'eau-forte, par *F. Reclam,*

Richard de Saint-Nom, par un inconnu, d'après Ruisdaël et autres. Trente pièces.
190. Quinze pièces, par *Rousseau, Riollet, Robert, Quarerds, Saint-Aubin, Buotte, Renard*.

10ᵐᵉ *Boite.* — S.

191. Sainte famille ; on lit au bas à droite : *Andrea del Sarto fatta in Roma*.
192. Rémus et Romulus, d'après Jacques Stella, premier état avant le nom; Sainte famille, Flagellation. Trois pièces, par *Claudia B. Stella*. Très belles épreuves.
193. Entrée de Jésus dans Jérusalem, d'après Le Brun, par *Ch. Simoneau*.
194. Vingt et une pièces, d'après N. Poussin, S. Leclerc, etc., par *Ch. Simoneau*.
195. Portraits et sujets de Vierge, par *P. Van Schuppen*. Six pièces.
196. Sainte Martine, d'après Pietre de Cortone, etc. Cinq pièces, par *Spierre*.
197. Vues diverses et paysage par *Charles, Israël* et *F. Silvestre*. Trente quatre pièces.
198. Vingt-quatre pièces par *Scotin, Sornique* et *Suruque*, d'après Jecausat, Coypel, etc.
199. Sujets de l'Ancien et du Nouveau Testament, Le Prêtre à la fenêtre, les Vierges sages et folles, figures allégoriques, etc. Cinquante-huit pièces par *Sacredam*.
200. Ixion trompé par Junon, d'après Rubens; Por-

traits et sujets d'après Berghen, Ostade, par *Van Sompelen* et *Suyderhoëff*. Sept pièces.

201. Paysages par *H. Suanovelt*. Dix-huit pièces.
202. Quatorze pièces par *Schenker, Schulze, Schmitz, Schenk, Schweikart, Superchi, Scorodomoff, Sullin, Sarp*, etc.
203. La Passion, sujets pieux d'après Rubens, Moreels, etc. Vingt-huit pièces, par *Van Swanenburg. P. H. Schut*.
204. Sujets de chasses, Costumes et Scènes flamande du xvi° siècle, par *André Stock, Servouter, Ad. Stalbent, Suarius*. Quinze pièces.
205. Portraits de dames anglaises, d'après Kneller, gravés en manière noire par *G.* et *Jean Smith* et *Simon*. Vingt-trois pièces.
206. Joseph et Putiphar, sainte Agnès et Cléopâtre. Trois pièces, par *Strange*.
207. Le Théâtre Italien d'après Lancret; Portraits de Soaenen, de Tubières de Caylus; Etudes de petites figures à l'eau-forte, etc. Onze pièces, par *Schmidt de Berlin, Schenau* et *Schultz*.
208. Bataille de Constantin d'après Raphaël; Christ porté au tombeau. Deux pièces par *Scalberge*.

11me *Boîte*. — T à Z.

209. Sujets familiers. Huit pièces gravées à l'eauforte par *N. Wan Haeflen*, n° 3 et 4 de Bartsch, et n° 7, 8, 10 et 29 de Rigal. Deux sont non décrites. Une Vieille assise vue de face, une bouteille

de la main droite et un verre élevé de la main
gauche. Dans la marge *N. Van Haeften f*, 1694
La seconde, un Paysan un genoux en terre, fai
une déclaration à une cuisinière assise à côt
d'une table chargée de légume. On lit au bas *N
W. Haeften f.*, et dans la marge deux vers : *Jear
il est bien doux*, etc.

210. Les Noces de Cana, gravées d'après le tableau
de Paul Véronèse au Musée royal, par *Vanni*.

211. Le Jugement dernier, d'après Michel-Ange, etc.
Six pièces par *Jean et Jérôme Vierix* et *Enée Vico*

212. Vingt-pièces, d'après des maîtres de l'écol
d'Italie, par *F. Villamena*.

213. Treize pièces, d'après Rubens, Van Dyck et
Snyders, par *Lucas Vorsterman*.

214. Quatorze pièces par *P. Testa, Winstanley,
Wolfgang, Witdouck, Wingaerde*, etc.

215. Les Quatre heures du jour, Scènes champêtres,
Animaux, la Bohémienne, etc. Quarante pièces
d'après N. Berghem, Ostade, Bloemaert, A. Brou-
wer, par *Corneille, Jean, Nicolas* et *Lambert
Visscher*.

216. Ad. Van Noort, Paul de Vos, par *Ant. Van
Dick*; Travaux d'Ulysse d'après le Primatice, par
Van Thulden. Quarante-deux pièces.

217. Sujets de l'histoire de Tobie et paysages. Vingt-
quatre pièces, par *Jean Van de Velde*.

218. Neuf pièces, par *Verkolie, Valk, Vaillant, G.
Vænius*, etc.

219. Paysages par *Moyse Vtembrouck* et *Ant. Wa-
terlo*. Trente-trois pièces.

220. Paysages et vues diverses gravées à l'eau forte par *Ed. Weirotter*; plusieurs d'après lui, par *Weisbrod* et *Basan*. Vingt-huit pièces.

221. Marine, par *Zeeman*; pièces diverses par *Zuccki, Zaballi, B. Zæch*. Dix pièces.

222. Sept pièces à l'eau-forte, par *Remy Vuibert*. Six décrites au *Peintre-Graveur Français* sous les n°ˢ 2, 17, 19, 20, 26, 28, et Moïse sauvé des eaux, premier état avant des changements faits à la planche. Cette pièce est non décrite.

223. Trois pièces à l'eau-forte, par *Tortebat, Vignon* et *Durivier*.

224. Quinze pièces, d'après S. Vouet, C. Dauphin, Blanchet, par *J. Tourneysen, Thomassin, Vouillemont, Vienot* et *J. Valdor*.

225. Trente-huit pièces, d'après Dieu, Santerre, Lancret, etc., par *N. Tardieu*.

226. Seize pièces, d'après Watteau, Vernet et autres maîtres, par *Trochon, Veira, Veillot, de Villiers, J. Vanloo, de Thiers* et *de Thomon*.

227. Cinq pièces par *Varin, Trouvain* et *Tournay*.

228. La Ménagère hollandaise, le petit Physicien, les Bons amis, Louis XV, Anne de Neufville, etc. Huit pièces, par *J. G. Wille*. Belles épreuves.

229. Recueil de paysages et autres figures gravées à l'eau-forte par *Jean-Georges Wille*. Trente-sept pièces, un cahier in-fol.

230. Vingt-neuf pièces par *Tresca, Tassaert, Vendramini, Voyez, Voysard, Vallaert, Woollett, Virarès, Varennes, Vaathier, Varin, Vasseur, Vangylesty*, etc.

231. Quatorze pièces par *Trouvain, Tinney, Tilliard, S. Thomassin, S. Vallée, Ch. le Vasseur, Voyez le jeune, G. Vertue, Volpato, Teucher*.

12ᵐᵉ Boîte. — ESTAMPES DIVERSES.

232. Douze pièces, d'après des maîtres italiens, par *Franco* et autres.
233. Jésus tenté par le démon, gravé par *Dirk van Staren*.
234. Vingt-neuf pièces, d'après Rubens, Téniers et autres maîtres, sans noms de graveur.
235. Quarante-sept pièces, sujets de chasse, en forme de frise, d'après Stradan.
236. Copies d'estampes de Rembrandt, études par *de Claussin*; suite de chiens d'après Desportes, etc. Cent-six pièces.
237. Dix-huit pièces. La Sainte-Famille gravée à l'eau-forte par *Est. Lesueur*; les Brigands, par *Claude le Lorrain*; sujets par *Callot*.
238. Le pélerinage à saint Nicolas, par *Mathieu*; estampes diverses, dont vues d'Amérique par *Coiny*. Vingt-cinq pièces.
239. Vingt et une pièces d'après Vatteaux et autres maîtres, sans nom de graveur.
240. Vignettes. Cinquante-cinq pièces.

13ᵐᵉ Boîte. — DIVERS OEUVRES DE GRAVEURS A L'EAU-FORTE.

240 bis. OEuvre d'Adrien Van Ostade. Quatre-vingt-quinze pièces, dont des doubles.

241. OEuvre de *Karle Dujardin*. Cinquante pièces à l'eau-forte.
242. Cent seize pièces gravées à l'eau-forte, la plus grande partie par *Rembrandt*, les autres d'après lui. Épreuves du fonds Basan et Jean.
243. Cinquante-quatre pièces par et d'après *Rembrandt*. Épreuves du fonds Basan et Jean.
244. Suite de Gueux, par *Van Uliet*, et les copies. Seize pièces.
245. Trente-neuf pièces, à l'imitation et d'après Rembrandt, par *Berger, Hertel, Notnagel, de Claussin*, etc.
246. Trente-trois pièces, par *Schmidt de Berlin, Plonski, Konig*, etc. Plusieurs d'après Rembrandt.
247. Dix-huit pièces, d'après Rembrandt, Berghem, etc., par A. M. La Bouchère, amateur, en 1812.
248. Trente-trois pièces, d'après S. Vouet, par *M. Dorigny*.
249. Deux cent trente-neuf pièces, par et d'après *Callot*.
250. Soixante-neuf pièces, gravées par *S. Leclerc*.
251. Soixante-treize pièces, par *Etienne de La Belle*, dont une carte du cours de la Loire. Pièce rare.

14me *Boîte*. — GRANDES ESTAMPES DIVERSES,
de la lettre A à la lettre Z.

252. Neuf pièces, par *P. Teste, Mantuan, Villamena* et *C. Cort*.

253. Vingt-sept pièces, d'après les peintures de Pietro de Cortone, à la galerie de Florence, par *Bloemaert*, *Spierre*, etc.
254. Onze pièces, par les Sadeler.
255. Neuf pièces, d'après Rubens, Jordaens, Seghers, etc., par *Bolswert*, *Pontius*, *Vorsterman*.
256. Huit pièces, par *Goltzius*, dont cinq de la suite dite des chefs-d'œuvre.
257. Judith et Holopherne, d'après Rubens, par *C. Galle*. Belle épreuve avant l'adresse.
258. Douze pièces, par *Saeredam*, *N. de Bruyn*, *L. Kilian*, *J. Muller*.
259. Le Coup de Couteau d'après Ostade; les Patineurs, le Bal d'après Berghem. Trois pièces, par *C. Visscher* et *Suydheroëff*.
260. Testament d'Eudamidas; l'Enlèvement des Sabines; saint Protais. Trois pièces par *Pesne*, *G. Audran*.
261. L'Empire de Flore, d'après N. Poussin, par *Fessard*.
262. Le Vœu de Louis XIII, la Vie de saint Grégoire, d'après Vanloo, par *G. Huret*, *M. Lasne*. Neuf pièces.
263. Deux pièces par *Mellan*; grand Christ en croix.
264. Sainte famille, d'après P. Sève, par *G. Edelinck*.
265. La Vierge à la chaise, d'après Raphaël; diverses pièces gravées, d'après Watteau et autres maîtres, par *Picot*, *Jazet*, *Contardi*, etc. Quatorze pièces.
266. Quatorze pièces, d'après Teniers, Wouwermans,

etc., par *Le Bas, Bacheley, Chenu, Daudet, Lépicié, Levasseur, Lereau, Martenasi, Sullivan, Surrugue.*

267. Douze pièces, d'après diverses maîtres français, par *Boullanger, J. Brebes, N. Poilly, L. Cars, Daullé, Jardinier, Lépicié, Thomassin, Vermenlen.*

268. Sept pièces, d'après Raphaël et autres maîtres italiens, par *Thomassin, Vouillemont, Ravenet, Rousselet, C. Duflos, Spierre* et *Tassaert.*

269. Dix-neuf pièces, d'après des peintres français, par *Ravenet, Mellini, Levasseur, Voyez, Le Bas, Germain,* etc.

270. Dix-sept pièces, d'après Vanloo, Pierre, etc., par *Beauvarlet, Daullé, Lempereur,* etc.

271. Portrait de Belle-Isle, par *Wille;* Mucius Scœvola, d'après Rubens, par *Schmuzer.*

272. Les Chasseurs chez le curé Arlotto, d'après Jean de Saint Jean, par *M. Forster*, épreuve avant la lettre; la Piété filiale, d'après Vicar, par *M. Masquelier.*

273. Trois pièces, par *Mécou*, d'après Sicardi.

274. Dix-neuf pièces, par et d'après *Gérard de Lairesse.*

275. Six pièces, d'après Masaccio et Filipo Lipi, par *Lasinio.*

276. Un cahier in-fol. contenant vingt-sept pièces par de Boissieu, dont le Vieux mendiant, n° 17 (n° du catalogue Rigal); les Charlatans, n° 22, avant l'astérisque; la Gouvernante, n° 24, pièce très rare; n° 29, Vues de Ly 51, 53, 54; n° 72

avant l'astérisque, et les angles mal formées; n°ˢ 70 78, 82, 83, suite de dix paysages, 84 à 93; n°ˢ 101. 102, 104, 106, 107, 126, 138 avant la 2ᵉ ligne. En tout vingt-neuf pièces, anciennes épreuves; plus le portrait de M. de Boissieu, et deux copies, par de Claussin.

277. Quarante-sept pièces, par *de Boissieu*, épreuves de tirages modernes.

278. Conquêtes de Louis XIV. Quarante-quatre pièces gravées par *Chastillon, Le Clerc*, etc.

279. OEuvre de Philippe Wouwermans. Cent vingt-deux pièces, par *Moyreau, Lebas* et autres graveurs.

LIVRES A FIGURES.

280. Voyage à Méroë et au fleuve Blanc, de 1819 à 1822, par Frédéric Caillaud. *Paris*, 1 vol. in-fol. d.-rel. et 4 vol. in-8 de texte.

280 *bis*. Voyage à l'oasis de Thèbes, pendant les années 1815 à 1818, par Frédéric Caillaud. *Paris*, 1 vol. in-fol. d.-rel.

281. Antiquités de la Nubie, par Gau. *Paris*, 1822, gr. in-fol., d.-rel.

282. Description de l'Egyte. *Paris, Panckouke*, 1820 à 1830. 12 vol. in-fol. atlantique de planches et 26 vol. in-8 de texte. Exemplaire en d.-rel.

283. Histoire naturelle des oiseaux, par Buffon, de Montbeillard (et l'abbé Bexon). *Paris, Imp. roy.*, 1771-86. 10 vol. in-fol. avec 1008 planches coloriées, rel. en veau rac., filets, tr. dorée.

DESSINS.

284. Dix dessins, Ecole d'Italie, par et d'après le Tintoret, Ciro Ferri, le Bernin, le Rosso, etc.
285. Seize dessins par et d'après divers maîtres italiens.
286. Dix-neuf dessins, Ecole française, *Verdier,* Guérin, Ramey et autres artistes.
287. Dix dessins, Ecole française, par *Desprès,* Langlois, *Wattelet,* etc.
288. Treize dessins, Ecole française, par et d'après *Watteau, Boucher, Eisen,* etc.
289. Dix-neuf feuilles d'études au crayon, par *Nicolas de Poilly,* pour un crucifiement, tableau de Saint-Martin des Champs, à Paris.
290. Quinze dessins, Ecole Française, par et d'après *Robert, Trémolierre, Lelu,* etc.
291. Vue de la villa Madame, dessin très terminé à la plume, lavé à la sépia, par *Thibault,* architecte.
292. Douze dessins, Ecole française, par *Casanove, Huet,* etc.

293. Seize dessins de l'Ecole française, par *Le Brun, Dieu, Brennel, Gravelot, Delarue,* etc.
294. Treize dessins, Ecole flamande, par et d'après *Rembrandt, Peeters, Paul Brill,* etc.
295. Onze dessins, École flamande.
296. Dix-huit dessins, études au crayon, par *Echard*.
197. Vingt dessins à la plume, à la sépia et à l'aquarelle : marines, vue de château, vue de Montpellier, et autres localités, par *Le Prince, de Machy, Zingg, Bourgeois,* et autres artistes. Cet article sera divisé.
298. Quarante-deux dessins à la plume, par *Lavallée, Poussin*, lavés au bistre. On lit sur l'un d'eux *Tombeaux et Fontaine, dessignés d'après les antiques de Rome,* par *N. Poussin*.
299. Cent quatorze dessins, sujets sacrés et profanes, paysages, têtes, études, croquis, etc., par *des anonymes* ; Fac Simile et copie de dessins d'anciens maîtres des diverses écoles. Cet article sera divisé.

TABLEAUX.

300. Femme nue, vue à mi-corps, École française. Larg. 84 c., haut. 1 m. 8 c.
301. Le Lever de l'Aurore, genre du Guide. Larg. 1 m. 81 c., haut. 1 m. 41 c.

302. Persée et Andromède, par *F. LeMoine*. Tableau gravé par *Fessard*. Larg. 1 m. 46 c., haut. 1 m. 87 c.
303. Bataille de Solbay entre les flottes anglaise et hollandaise. Tableau de l'école hollandaise. Larg. 1 m. 30, c., haut. 97 c.
304. Portrait d'un rabbin, Ecole de Rembrandt. Larg. 86 c., haut. 1 m. 22 c.
305. Une Descente de Croix, École de Rubens. Lar. 1 m. 13 c. haut. 1 m. 46 c.
306. La Vierge, l'enfant Jésus. Bon tableau gravé par Salvador sous le nom d'Antoine Van Dyck. Larg. 1 m. 13 c., haut. 1 m. 46 c. Il est encadré dans une ancienne et riche bordure en bois sculpté.
307. Quinze boîtes en bois avec couvercle à coulisse seront vendues sous ce numéro.

Le coin gauche du bas du petit tableau de B. Boyzien
à la marque de Cléout:

S. de Rayenno - Junon. Cérés et Psyché.

œuvres
De Grégoire Huret, Spierre
et Michel-Lasne

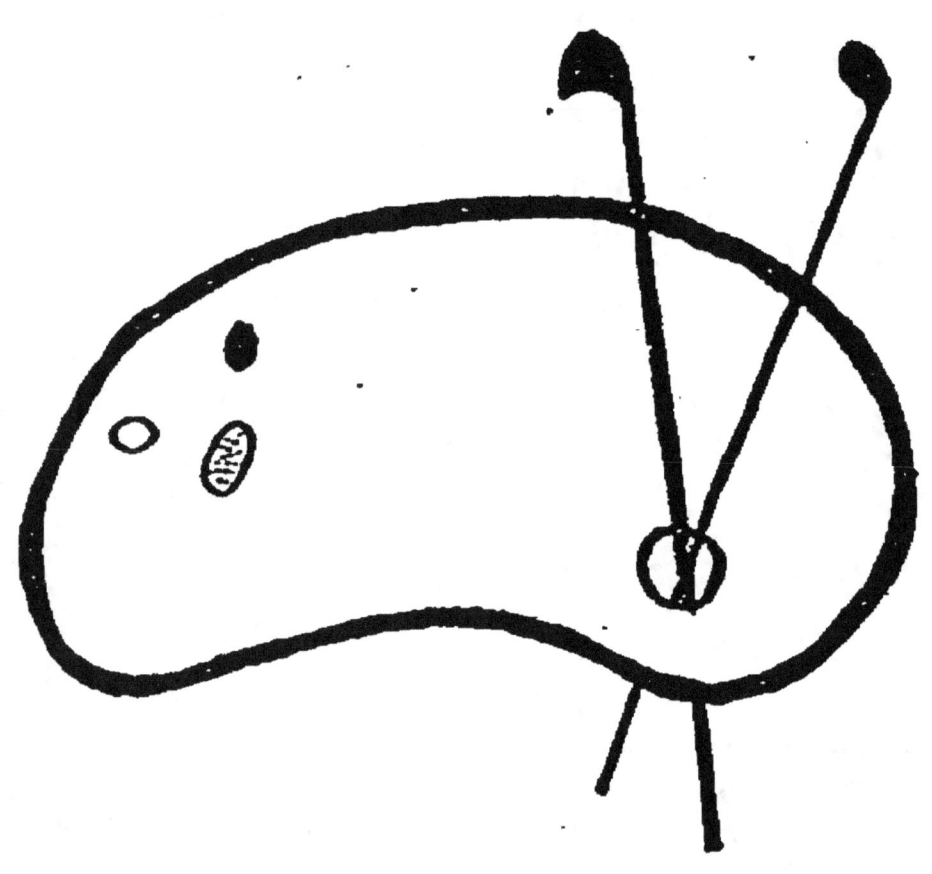

ORIGINAL EN COULEUR
NF Z 43-120-8

www.ingramcontent.com/pod-product-compliance
Lightning Source LLC
Chambersburg PA
CBHW030059230526
45471CB00003B/1170